FAIR WIE EINE SCHLANGE

KLAUS REINHOLD

FAIR WIE EINE SCHLANGE

GEDICHTE

Bibliografische Information der Deutschen Nationalbibliothek: Die Deutsche Nationalbibliothek verzeichnet diese Publikation in der Deutschen Nationalbibliografie; detaillierte bibliografische Daten sind im Internet über http://dnb.dnb.de abrufbar.

© 2013 Name des Autors/Rechteinhabers **Klaus Reinhold**

Herstellung und Verlag: BoD – Books on Demand, Norderstedt

ISBN: 978-3-7322-9924-9

Sonnenschein. Buntstiftzeichnung.
Rapsfeldgelber Aprilsonntag.
In der Ferne die Kirchtürme,
das alte Gaswerk, Hochhäuser.
Weite sehen, Landschaft und Himmel.
Segelflieger vor Wolken.
Jogger den gewundenen Weg ablaufend.
Ein angenehmer Tag.
Keiner will was von dir.
Hoffentlich entdeckt das niemand.

Warten
im Sprühregen
am verabredeten Platz.
Im Sprühregen,
durch den du kommst.

Sonnenschein.
Das Pflaster
nach dem Sprühregen.
Die kühle Sonne.

Leicht ist der Tag.
Unbeschwert.
Licht.

Wir gehen.
Wir lachen.
Mit Träumen wundertütenbunt
und so dauerhaft
wie Kondensstreifen und Regenbogen.

Die Bucht

Hellgrün.
Dunkelgrün.
Silberblau.

Seebrücke.
Wellenrauschen.
Möwenschreie.
Wortfetzen.

Jenseits der Horizontlinie
die flirrende Endlosschleife
gehärteter Träume.

Unter blaugrauen Wolken
die abgeernteten Felder im Herbst.
Du fühlst dich
in ihr Schweigen ein
und steckst deine Träume
auf neue Karten.

Deine Sehnsucht ist eine Steilküste.
Wolken werfen ihre Schatten über Donnerkeile.
Das Lächeln einer Nonne in der Dämmerung.
Der eingeschlagene Kurs hinter der Horizontlinie.
Erinnerung an Fischfang und Glasbläsereien.
Regenreiche Niederschläge.
In Abständen wiederkehrende Stürme landeinwärts.
Deine Sehnsucht ist eine Steilküste.
Schichten und Höhlen und Risse.
Jahr um Jahr verliert deine Sehnsucht an Land.
Jahr für Jahr weichst du immer weiter zurück.

Die Leute reden gerne.
Beispielsweise über Markthändler.

Sind die nicht verrückt
jeden Tag einen Stand
auf- und abzubauen?
Jeden Tag
dasselbe zu machen?

Dagegen
werden Theaterschauspieler
maßlos überschätzt.
Warum eigentlich?
Sind die denn nicht verrückt?
Jeden Abend
in dem gleichen Raum
aufzutreten?
Jeden Abend
denselben Text zu sprechen?

Erinnerungen wie 925iger Sterlingsilber.
Wie Schlittschuhkufen auf dem Eis.
Wie weißes Licht im Herbstleuchten.
Wie aufblitzende Fischkörper im klaren Wasser.
Wie Bergkristallanhänger mit Silberfassung.

Wie Brunnennähe.

Kurzer Blick
auf eine besser gestellte Patchworkfamilie
beim Frühstück im großen Garten hinter dem Haus

Sie,
eine atemberaubende Frau
von vollkommener Schönheit.
Blitzende wachsame Augen,
bezauberndes warmherziges Lächeln
(situationsbedingt auch hintergründig).
Perfekte Beherrschung diverser Yogaübungen.
Amüsante Pfade im Seelenleben.
Mit am Tisch frühstücken
die eigenen Kinder,
die Stiefkinder,
die Adoptivkinder.
Auch der Ernährer dieser Bande
ist von schlanker Gestalt.
Typ Selbstentfesselungskünstler
(Keine Zufallsbekanntschaft!).
Die Eleganz sparsamer Gesten
unterstreicht das friedliche Gespräch.
Keine Sprunghaftigkeit.
Hier wird der Zeit ein überlegener Anstrich verpasst.
Der bunte Herbst kann warten.
Das eilt nicht.

Der Japaner setzte sich an das Klavier.
Er spielte „O sole mio"
und es hörte sich sehr japanisch an.
Es war eine so bezaubernde Lebensfreude.
Alte Fotografien knisterten in der Seele.

Die Zukunft ist alternativlos,
denn sie übertrifft den Blick in die Welt.
Sie ist der schier unendliche Lagerraum
für alle nur denkbaren Wünsche und Versprechungen.
Versandkostenfrei.
Gesamtgewicht Null.

Wie bescheuert sind die Leute eigentlich,
die sich mit ihren eigenen Lebensmärchen
jeden Abend ins Bett legen?

Es gibt eine Überraschung.
Der Politiker XY
(schon tausendmal über den Bildschirm getanzt),
bekannt wie Tarzans Lendenschurz,
geschätzt wegen seines einnehmenden Wesens,
in jeder Dekoration Zuhause,
IST DIESES GEMÄLDE NEU?,
unerbittlich mehr Service fordernd,
BYPÄSSE ADELN,
dieser Visionär,
AUF MEINEN PUPILLEN LIEGT DIE ZUKUNFT,
erschien heute,
begleitet von seinem Anwalt,
auf dem Polizeirevier,
um dem auffällig gewordenen Sohn
jede Unterstützung zuzusichern.

Was für eine Umstellung ,
der persönlichen Welt
ins Auge zu sehen.

Als ich jung war träumte ich von einem Doppelleben
und hatte Albträume, in denen ein Doppelgänger mir
Schaden zufügte.
Meiner Klavier spielenden Freundin ging es nur um
die Musik,
ihr schwebte ein Tonstudio auf einer verlassenen
Bohrinsel vor.
Die Wetterveränderungen dort sind sehr inspirierend
und schärfen alle Sinne, wie jeder weiß.
„Schreibe du ein Drehbuch über deinen
Doppelgänger,
ich werde die Filmmusik dazu komponieren."
Es kann niemals schlecht sein, unter Strom zu stehen.
Wir würden es gemeinsam schaffen,
äußerst fein dosierte, tödliche Gifte
der 90 Minuten Mahlzeit beizumischen.
Als ich mit der Niederschrift begann,
habe ich oft an den Mond über Bargfeld gedacht.
Auf meiner allerersten Jazz LP,
die ich mir als Fünfzehnjähriger anschaffte,
gab es ein wunderschönes Instrumentalstück
mit dem Titel „Moon over Ganges".
Es ist mir eine Herzensangelegenheit,
diesen bescheidenen Hinweis zu geben.
Ein Schachzug ist kein Bungeesprung.
Seine Delikatesse offenbart sich erst im Spielverlauf.
In nur einer Woche schrieb ich die ersten 60 Seiten
meines Scripts.
Mit einem verschwörerischen Lächeln überreichte ich
es meiner Freundin.
Das Ergebnis ihrer kritischen Meinung,
um die ich sie gebeten hatte,
überraschte mich wie ein Hurrikan.
„Stirb allein in diesem Zimmer", fauchte sie.

„Auf deinen Doppelgänger bin ich ja eingestellt gewesen, aber nicht auf dein fortgesetztes Doppelleben. Es ist aus und vorbei."
Nach diesen Worten griff sie zum Handy und bestellte den Helikopter für sich, damit ich noch als alter Mann von ihr träume.
Sie ist schon immer ein bisschen egoistisch gewesen.

Das Haus verlassen
und im Nebel verschwinden
wie in einem Film.

Die Haut eines Teiches
wie der schillernde Rücken
einer Schmeißfliege.
Giftgrün. Giftblau. Giftrot.
Bemooste Steine
sind kleine Klangkörper,
die schwirrenden Libellenflug
vortäuschen.
Schmetterlinge hängen über dem Wasser
wie auf eine Pinnwand gesteckt.
Die ausgebreiteten Flügel
tragen farbenprächtige Graphiken.
Haben sie sich verirrt?
Sind sie der Hand
eines müden Galeristen
entflohen?
Eine Nachmittagsstunde in Balance
ist die Aussparung hastender Schritte,
aber eine Raffinesse heftiger Feuer.

Gestern war Hochsommer
und heute ist Herbst.
Was fängt man nun an
mit diesem Tag?
Ganz einfach.
Die Mütze wieder raus suchen.
Zur Tür hinausgehen.
Verwegen lächeln.
Das wirkt vertrauensbildend.
Und die Phantasien der Frauen
bremst es bestimmt nicht.

Sie ist jung.
Sie ist schön.
Sie ist schwarz gekleidet.
Sie trägt ein umgedrehtes Kreuz.

Ihre großen Augen
sind Fotografie und Traum
von welken Blättern,
die den Boden bedecken.

Sie hat brombeerfarbene Lippen.
Sie trägt einen Hüftgürtel
aus weißen Mondscheinknochen.
Eine Gabe der Unerbittlichkeit.

Wie oft schon hat sie das Fenster geöffnet
und das Zimmer ungesehen verlassen,
um rätselhaft die Nacht zu durchstreifen.
Über große Brücken hinweg
bis hin zum donnernden düsteren Meer.

Sie besitzt einen Traum
von großer Bestimmtheit.
Eines Nachts wird eine Sirene
das Wasser verlassen und am Strand liegen.
Und sie wird sich ihr nähern
mit geräuschlosen Schritten
und sie wird ihre Zähne mit aller Kraft
in den weißen Nacken schlagen.

Träumte letzte Nacht von einem Kinderbuch,
das ich aufgeschlagen in den Händen hielt.
Der erste Satz lautete:
„Sophie saß auf einer Seifenblase."
Ich versuchte noch
mir die nachfolgenden Wörter zu merken,
aber sie entzogen sich mir.
Wie rasch auf Wasser hingeschrieben,
die Schriftzeichen sodann
von der nächsten Welle grotesk vergrößert
und gleichzeitig verzerrt,
schon sich auflösend
und verschwindend.
Wie schade.
Ich hätte gerne mehr über Sophie erfahren.

Auch heute wieder
im Fernsehen
die Abgehobenengesichter
von E L I T E.
Die sind so abgehoben,
die fühlen sich mit denen,
die noch Geld verdienen,
nicht mehr verwandt.

Rätselhafte Augen die Fremde.
Grün gesprenkelte Vergangenheit darin
einer verdammt langen Reise
mit Stationen wertvollster Orientteppiche
über die sie einst schritt
selbstverständlich und unbeeindruckt.
Sie folgt dem Duft eines Parfüms,
dem berauschenden Duft eines Unbekannten.
Sie ist seine stolze und schöne Jägerin.
Ihm folgt sie, ihm reist sie nach,
wenn es sein muss um den ganzen Erdball.
Sie weiß dass sie sich begegnen werden.
Zweifelsfrei kommt diese Stunde.
Und dann wird sie
ein siegreiches Lächeln aufsetzen.
Nur um zu sagen:
„Du kennst mich schon viel zu gut."

Ich weiß nicht,
was heute los ist
im Internet.
Das kommt alles
so langsam.
Ist Google überlastet?

Google... Burn out?

Aus dem Briefumschlag des Herbstes
fiel das sinnverwirrende Poster
eines bunten Hochglanzwaldes.

Der Wind ließ mich aufhorchen.
Die flüsternde, rauchige Stimme einer Frau,
geprägt von vielen starken Erfahrungen.
Unerforschter weißer Flecken
wie in alten Atlanten.
Aber menschlich berührender Wärme,
der ich nachsinnen will.

Was will der Mensch
auf dem Mond?

Einsamkeit?

Die kann er
auch hier haben.

Auf der Seekarte
das Kursdreieck verschieben.
Wellenschlag im Ohr.

Einigen Menschen,
denen ich im Leben begegnet bin,
ist es gelungen,
mir sehr überzeugend den Eindruck zu vermitteln,
dass sie sich gerade erst
seit fünf Minuten auf diesem Planeten befinden.
Soviel Erstaunen in den Augen,
soviel Ahnungslosigkeit im Gespräch.
Völlig unbeschwert.
Menschen, die wie Gemälde friedlicher Orte wirken.
Erst der zweite Blick macht stutzig.
Nirgendwo eine Kirche.

Der Reiseweg

Wir betraten das Nebenzimmer,
um uns ungestört zu unterhalten.
Sie sagte:
„Ich bedarf männlichen Schutzes.
Ich habe dich dafür auserwählt."
So einfach verliebten wir uns ineinander.
Zehn Monate später trennten wir uns wieder.
Von Anfang an sind wir uns dieses Tages
bewusst gewesen.
Sie flog zurück zu ihren Angehörigen.
Sie flog zurück in die Arme einer alten Kultur.
Ein Wiedersehen zwischen uns war ausgeschlossen.
Wir haben alles richtig gemacht.
In meinem Herzen besitze ich seitdem
eine zweite Heimat.

Vom Glück begünstigt

Selbstverständlich
werde ich in die Fußstapfen
meines Vaters treten
und seine jahrzehntelange
erfolgreiche Arbeit
fortsetzen.
Mein Vater ist Abgeordneter.
Er wird nicht wieder kandidieren.
Altersgründe.
Ich bin der Sohn.
Jetzt lächle ich
von den Wahlplakaten.
Gewinnend.
Siegesgewiss.
Ich will Abgeordneter werden.
To go on wheels.
Es gibt nun einmal Plätze
in dieser Gesellschaft,
die vererben sich
oder fliegen einem zu.
Und damit daran nicht gerührt wird…

Mit anderen Worten:
GUTEN TAG! ICH BIN EINE MARIONETTE!

Ein Zerrbild
von der Wirklichkeit
verbreiten die Medien.
Manchmal sehe ich
auf einer Karte
das große weite Amerika.
Und manchmal auch
betrachte ich
auf einer Karte
New York.
In diesem großen New York
gibt es ein kleines Areal,
das ist völlig Licht überflutet.
Hier sind abertausende
von Scheinwerfern eingeschaltet
und nur die Leute,
die sich hier treffen,
die sich hier zeigen,
die werden uns
ständig vorgeführt,
die werden weltweit präsentiert.
Alles andere ist Hinterland
und existiert nicht.

Der Regen
macht die Pfützen vertrauter.
Gelegentlich schwimmen Fotografien
auf dem Wasser.
Gelegentlich lächeln Gesichter
in Liebe,
in herzlicher Verbundenheit,
vom nassen Strassenpflaster
zu dir herauf.

Warum diese weggeworfenen Bilder?
Trennung aus einer Enttäuschung heraus
oder aus Platzmangel
das Herz endlich besenrein aufgeräumt?

Oder
- auch eine Möglichkeit –
sind schon alle gestorben,
auf die mein Blick fällt?

Immer ist irgendjemand
bereits vor einem da gewesen.

Ein Wagen hält im Regen.
Die ausgestreckte Hand aus dem Seitenfenster
wirft ein Stück Vergangenheit fort.

Erledigt.
Weiterfahren.
So schnell kann das gehen.
Irgendwie ist das unmöglich!

Luftspiegelung

Ein rüberkommen
der Bilder
ganz nah
vor Augen.

Jedes Detail
pure Intensität.
Kraftvoll
wie ein Raubtier.

Um das zu erleben
musst du kein Erbe antreten
und nicht einmal
deine Ellenbogen gebrauchen.

Die junge, asiatische Frau
betrachtete den Drachenanhänger.
Dann sagte sie zu ihrer Freundin:
„Ich stehe da nicht drauf.
Wenn ich sowas kaufe,
dann erzählt mir meine Mutter alte Märchen."

Dieser graue und schweigsame Tag
sieht aus wie ein riesiger Abstellplatz
für Altpapiercontainer,
einer neben dem anderen, dicht an dicht.
Jeder randvoll gefüllt
mit entsorgten Werbeprospekten,
alten Tages- und Wochenzeitungen,
Illustrierten, Katalogen, Büchern
und in Streifen geschnittenen
persönlichen Aufzeichnungen.
Auch zerrissene Fotoabzüge darunter,
je kleiner die Schnipsel
um so tiefer sitzend der Zorn
nach einer Trennung.
Wie gesagt, grau, nur grau
und nochmals grau,
das ist die Stimmung draußen.
Wer mag da noch zur Tür hinausgehen?
Es ist ja nicht einmal
ein Plattenstudio in der Nähe,
damit ich einen traurigen Song
aufnehmen kann.
Wäre bestimmt ein Hit geworden.
Da bin ich mir sicher.
Ich glaube fast,
ich bin das zufällige Opfer
einer telepathischen Verbindung geworden
mit den umliegenden Mooren
eines berühmten englischen Zuchthauses.
Wenn man nicht gerade
die richtige Ader dafür hat,
dann können sie einen
so richtig herunterziehen.
Einen Psychiater habe ich nicht
und die nächste Mc Donalds Filiale

befindet sich nahe der Autobahn.
„Aus einer ziemlich üblen Gegend kommst du",
unterstrich eine flüchtige Frauenbekanntschaft
mein Wissen,
„nach einer Umsatzstatistik unserer Firma
gehört ihr alle der Sekte der Bedürfnislosen an.
Darüber sollten wir reden."
„Zu dir oder zu mir" stand auf dem Aufkleber,
am Heckfenster ihres Autos.
Neben dem Bett auf dem Nachtschränkchen
lag ein Buch von Isabel Allende.

Wenn dieses Lichtdefizit nicht wäre,
also, ich könnte meine Erinnerungen ausschmücken
wie ein Reisender auf dem fliegenden Teppich,
der in diplomatischen Diensten
vor dem Weißen Haus landet.

Grau greift die Seele an.
Grau lähmt oder führt zu Aufständen.
Ich habe bis heute
noch jeden Museumsbesuch abgebrochen,
wenn ein Werk die Farbe Grau verherrlicht.
Das muss ich mir nicht antun.
Das muss ich mir nicht reinziehen.

Findest du das nicht interessant?
Die Wohnung,
die wir später einmal beziehen werden,
die gibt es schon.
Irgendwo in dieser Stadt.

„Liebe mich", sagte sie.
„Nicht nur heute.
Nur immer."

Die Welt ist sicherer geworden.
Bewegen Sie sich ruhig unter den Reichen.
Es sind immer nur die Gleichen.

Heute sind Sie ja viel freundlicher.
Ich habe heute Morgen auch Kreide geschluckt.
Wie bitte?
Das hat auch Auswirkungen auf die Mimik.

Abschweifen, vor mich hinträumen, im hellen Licht
eines strahlend blauen Vormittages,
an dem ich ausgestreckt auf einer Decke liege,
am Strand der langgezogenen Bucht
und mich einmal auf gar nichts konzentriere.
Sehr erholsam.
Nur Wellenrauschen.
Sanft, gleichmäßig, entspannend.

Jeder ist, was er kann.
Das ist keine chinesische Kopie
eines berühmten Bildes.

Vergangene Woche in meinem Lieblingscafe.
Am Nebentisch ein älteres Paar.
Er: „Ich bin jetzt Siebzig.
Ich will unbedingt hundert Jahre alt werden."
Sie:" Sehr schön.
Dann hast du wenigstens
dreißig Jahre noch gut gelebt."

„Mutti, erinnerst du dich,
dass mich einmal eine Biene gestochen hat?"
„Ja."
„Warum hat sie das getan?"
„Das weiß ich nicht."
„Hat sie nicht gesehen, dass ich das bin?
Hat sie nicht Augen wie wir?"

Johannisbeersuppe mit einem kräftigen Schuss Wein.
Zucchini und Kartoffeln mit Käse überbacken.
Eiscreme mit Erdbeer- und Ananasstücken.

Ein Haus am Meer.
Ich glaube,

das würde einen anderen Menschen
aus einem machen.
Die hoch gestreckten Arme junger Frauen beim Ballspiel,
die wippenden Brüste, das fröhliche Gelächter.
Sonnenschein.
Ich lehnte mich gegen das Geländer
einer hölzernen Brücke
und blickte hinunter
auf das fließende Wasser.

Es war sauber und klar,
durchsichtig wie Glas.
Bis auf den Grund konnte ich sehen,
spürte die Wärme der Sonne im Haar,
die linke Wange sogar schien zu glühen.
Gedanken splitterten.
Es gab keine richtigen Sätze,
aber in meinem Kopf
spielte ein Saxophon den Jazz.

Zwei Frauen verlassen gerade das Wasser.
Sie sind nackt.
Mit langsamen Schritten gehen sie zu ihren Sachen,
greifen nach den Handtüchern
und trocknen sich ab.
Für einen kurzen Moment
erinnerte mich eine bestimmte Haltung der beiden Frauen
an das Titelbild eines Buches,
das ich vor wenigen Tagen
auf einem Flohmarkt gesehen habe.
Mir drängte sich der Eindruck auf,
dass zwischen der Minute,
in der ich das Buch in den Händen hielt

und dem jetzigen Augenblick
eine Verbindung bestehen könnte.

Drei kleine, kichernde Mädchen.
Jede von ihnen
mit erhobener Hand
über dem Haarschopf der Anderen.
Das sieht sehr lustig aus.
Plötzlich sagt die Eine:
„Ich lasse mir die Fingernägel
s o o o o lang wachsen
und dann ziehe ich dir das Gehirn raus."
Die Drei können sich nicht mehr beruhigen.
Sie lachen und lachen und lachen.

Nach jedem Sturm
wird Bernstein an Land gespült.
Wer keinen Blick für ihn hat,
geht achtlos daran vorbei.
Auch wenn er zur Zeit
relativ günstig auf dem Markt angeboten wird,
es zeichnet sich heute schon ab,
dass sich die Vorräte erschöpfen.

Verborgen unter der Wasseroberfläche
liegt die Sandbank.
Man muss schon ein kleines Stück hinausschwimmen,
bevor die Füße wieder Grund unter den Sohlen spüren.
Es ist eine flache Stelle,
die zu einem wunderbaren Rundumblick einlädt.
Ich hatte geträumt,
dass ich zu einem festlichen Abend eingeladen war.
Es dunkelte bereits.
Zahlreiche Besucher waren inzwischen eingetroffen.
Ich war der Sänger,

und ich blickte auf das Mikrofon in meiner Hand.
Ich hatte mich entschieden,
einige Songs von Frank Sinatra vorzutragen.
Es war mein erster öffentlicher Auftritt.
Neben mir stand eine farbige Sängerin:
Meine Duettpartnerin.
Wir unterhielten uns ausgezeichnet.
Ich fühlte mich ausgesprochen sicher und gut.
Die Sandbank erscheint mir wie ein Symbol
für das Unsichtbare. Etwas,
das unter der Hülle des Körpers versteckt ist
an Anlagen und Talenten.

Das unablässige Rauschen der Wellen.
Windstille in den Dünen.

Der nahe gelegene Fischereihafen
ist schon lange kein Geheimtipp mehr.
Es ist inzwischen schon sehr erstaunlich,
wie viel Platz die abgestellten Fahrräder
in Anspruch nehmen.
Da stehen Vermögen.

Der Geruch fangfrischer Fische hängt in der Luft
und die gut besuchten Restaurants
erfreuen auch die Herzen
pensionierter Finanzbeamter.
Sogar die Kunst ist seit vielen Jahren
eine innige Verbindung eingegangen
mit den Meeresfrüchten.
Nachbarschaft.
Bildergalerien, Glasbläser, Töpfer,
Silberschmiede und Keramiker
wenden sich mit ihren Arbeiten
an eine interessierte Kundschaft.

Angeboten werden auch
zahlreiche Abend- und Wochenendkurse.
Empfehlen Sie uns weiter.
Zu Ihren Diensten!

Kleine Gruppe Jugendlicher.
Die Jungens trinken Bier und geraten in Stimmung.
Sie greifen sich eines der Mädchen
und werfen es mit Schwung
in voller Montur ins Wasser.
Die Kleine aber fühlt sich geschmeichelt.
Soviel Gunst der Zuneigung ist die Chance!
Sie zieht sich Schuhe, Strümpfe und die Jeans aus.
Und flirtet sich anschließend munter voran –
ein durchaus netter Anblick in Slip und Bluse.
Mal bekommt der Eine ein Küsschen,
mal setzt sie sich bei einem Anderen auf das Bein.
Reif wie Fallobst.

Wie die Erinnerungen aufsteigen…
Gerade fällt mir Jütland ein,
der frühe Morgen meines letzten Urlaubstages –
Keine Abreise ohne Abschiedsspaziergang am Strand.
Noch einmal mich gründlich durchpusten,
mir den Wind um die Nase wehen lassen.
Es kam heftiger.
Ich hatte den Sturm im Rücken.
Mit unglaublicher Kraft
drückte er gegen den Körper.

Unzählige Sandbahnen überholten mich,
jagten weiter voran
und schienen sich in der Ferne zu vereinigen.
Es sah aus
wie wabernder, aufsteigender Disconebel.

Die wenigen Fahrzeuge und Menschen,
die darin unterwegs waren,
wirkten scherenschnittartig
und zugleich auch noch unscharf auf mich.
So als wären sie von irgendwoher gekommen
und hätten hier überhaupt nichts zu suchen.
Dazu der aufwühlende, donnernde Klang
der wild bewegten, reißenden Wellen.
Das ist beeindruckend.
Der Uhrzeit nach habe ich mich
gar nicht solange am Strand aufgehalten,
aber ich hatte das Gefühl
sehr, sehr lange unterwegs gewesen zu sein.

Die MAYDAY Fotos der Beatrice Kunz,
die faszinierenden Texte der Hella Berent,
die poetischen Zeichnungen der Henriette van Egten-
Das sind meine persönlichen modernen Klassiker.
Mich begeistert so vieles.
Ich könnte an einem Vormittag
ein ganzes Jahresgehalt ausgeben.

Die roten Teppiche vor den Geschäften in der City,
eine seltsame Idee,
dem verstorbenen Großen Vorsitzenden
auf diese Weise zu huldigen.
Wie wäre es mit Stränden bedeckt von Kirschblüten?
Asiatisches Gewusst Wie für steigende Besucherzahlen.
Gefühlstoleranz heißt doppelt denken.

Die Schwalben fliegen niedrig und sind aufgeregt.
Oberhalb des Steilufers, landeinwärts,
die gelben Rapsfelder in voller Blüte.
Hier hat der Wind zugenommen,
aber der Himmel zeigt noch

ein helles und freundliches Blau.
Zur rechten Seite hin, über der Bucht, hängen schwere,
dunkle Wolken.
Gleichmäßige Bewegung der Wellen.
Der Himmel sieht aus wie geteilt.
Insektengefräßigkeit der Schwalben.

Den dahinziehenden Wolken vertraue ich.
Sie kennen keine verschlossenen Türen,
sie gehen nicht wie die Fische ins Netz.
Kein Schienenstrang führt zu ihnen,
von keinem LKW werden sie an Markttagen abgeladen.
Sie spiegeln sich im Fensterglas der Städte ebenso wider
wie im Fensterglas einsam gelegener Bauernhöfe.

Bettina sagte:
„Ich lasse mich auf das Wasser förmlich zutreiben,
ich beeile mich nicht,
mache nichts schneller,
schlage aber die Richtung ein.
Ganz ruhig.
Und wenn ich dann in das Wasser gleite,
dann freue ich mich.
Danach bin ich völlig entspannt
und gleichzeitig wieder munter
und bin ganz stolz auf mich."

Jovankas Telefonat
mit einem französischen Lieferanten
für Bekleidung.
Er bot auch einen Schal an,
auf dem Pferde abgebildet sind:
„Pferde, die im Wasser leben."
„Ich kenne keine Pferde, die im Wasser leben."
„Doch, gibt es. Ich sehe im Lexikon nach."

„Sie meinen Pferde... auf englisch Horses?"
„Ja, Horses... living in the Water."
"Nilpferde."
"No, small, smaller."
Seepferdchen!
Ein vor Lebensfreude sprühendes, zauberhaftes Lächeln,
das mir gilt.
„Hallo!"
Der Besuch der langen Mole von... ist ein Muss
für die Touristen und für die Einheimischen.
Ein Ort der Begegnung.
Man wird gesehen.
Vielen geht es ausschließlich nur darum.
Sich zunicken, ins Gespräch kommen.
Frische Seeluft beflügelt die Gedanken.
Wer weiß es genau, wie viele Liebesbeziehungen
oder geschäftliche Kontakte hier ihren Anfang nahmen?
Domenico, der Italiener,
ein sehr humorvoll- und temperamentvoller Mann,
ließ sich zu einer spontanen Einlage hinreißen.
Mitte der langen Mole blieb er stehen,
breitete weit die Arme aus
und trug mit gefühlvoller Stimme
und mit viel Stil in der Haltung
sein Lied der Lieder vor.
„O sole mio!"
Spürbarer Temperaturanstieg.
Die Leute waren begeistert.
Er bekam reichlichen Beifall.
Das ist Verbundenheit.

Braungebrannt standen die Menschen herum.
Meine Freundin flüsterte mir etwas ins Ohr.

Sie ist eine weitgereiste, junge Frau.
Lange Zeit hatte sie am Rande der Wüste gelebt.
„Ich kann an jedem Ort auf dieser Erde leben."
Das waren ihre Worte.
Ich habe sie nicht halten können.

Die Wolken ziehen ohne Bedauern zu kennen.

Der Typ lebt immer noch?
Ja, mein Freund, wir doch auch.